VIA FOLIOS 112

L'America dei Padri
The Fathers' America

L'America dei Padri
The Fathers' America

Ernesto Livorni

Translated from the Italian by
Jason Laine

BORDIGHERA PRESS

Library of Congress Control Number: 2015949430

COVER ART
"L'Equilibrio" by Graziano Livorni

Printed in the United States.

Published by
BORDIGHERA PRESS
John D. Calandra Italian American Institute
25 West 43rd Street, 17th Floor
New York, NY 10036

VIA FOLIOS 112
ISBN 978-1-59954-091-7

Avvertenza / Acknowledgments

Le seguenti poesie sono già apparse in rivista: "Adesso che molte (e forse troppe)," "Isabella amava la mia lingua," con traduzione in inglese di Graziella Sidoli, in *Polytext*, vol. 6, Spring 1990, pp. 32-35; "Il mare allora m'appariva," "Ho travolto ogni più simpatico," "New York di notte è un sassofono," "Non ti senti un po' stanco la sera," "Ho perso i miei sensi ed ogni controllo," "La pioggia cantava sorniona," "Sonetto della confessione," "Come un sasso nell'acqua scagliato," "Sonetto della rimembranza," "Alla luce più chiara" ("Il giorno che saprò fare al tuo viso"), in Peter Carravetta e Paolo Valesio (a cura di), *Poesaggio: Poeti italiani d'America*, Quinto di Treviso: Pagus Edizioni, 1993, pp. 43, 50, 70, 95, 113, 128, 137, 147, 173, 178, 233-234 (include "Scolpire nell'acqua. Genesi di 'Il tuo viso, come un sasso nell'acqua scagliato' e 'Il giorno che saprò fare al tuo viso'," con traduzione in inglese di Graziella Sidoli, in *Anfione-Zeto. International Review of Architecture and Art*, 1990, nn.4-5, pp. 257-259); "Ho preso un treno una volta, due volte," in *La Voce dell'emigrante*, a.XXIII, n. 9, Ottobre 1996, p. 10; "Christmas '85," "Non ti senti un po' stanco la sera," "Lettera al Padre" (già in *Tracce. Rivista Trimestrale di Scrittura e Critica Letteraria*, a. VI, luglio/ottobre 1987 (nuova serie), #20/21, pp. 12-13), con versione inglese dell'autore a fronte, in *Via: Voices in Italian Americana*, vol.8, n.1, Spring 1997, pp.1 37-147.

"... è una fierezza avere un padre
che non ci ami per abitudine
ma per mettere un sogno
nella nostra vita..."

Giuseppe Ungaretti

"... On ne peut pas porter
partout avec soi
le cadavre de son *père*..."

Guillaume Apollinaire

"… it's a matter of pride to have a father
that you love not out of habit
but to create a dream
in our life…"

Giuseppe Ungaretti

"…one cannot bear
with himself everywhere
the body of his father…"

Guillaume Apollinaire

TABLE OF CONTENTS

Avvertenza

Alberto Bertoni
Nell'*America dei Padri*: un poema di Ernesto Livorni   xv
The Fathers' America: A Book of Poems by Ernesto Livorni

L'America dei Padri • The Fathers' America

ALLEGRO MA NON TROPPO,
UN POCO MAESTOSO

I	"Due mesi viaggiò prima di giungere"	2
I	"Two months he traveled before arriving"	3
II	"Il mare allora m'appariva"	4
II	"The sea then appeared to me"	5
III	*Sonetto a Matteo*	6
III	*Sonetto for Matteo*	7
IV	"Noi, che siamo rocce sul mondo"	8
IV	"We, who are boulders on the world"	9
V	"Ho travolto ogni più simpatico"	10
V	"I brushed away every kindest"	11
VI	"Ho preso un treno, una volta, due volte"	12
VI	"I caught a train, once, twice"	13
VII	"Taciti, soli e senza compagnia"	16
VII	"Taciturn, alone and without company"	17

MOLTO VIVACE

VIII	"Quando il temporale ha ormai squassato"	20
VIII	"When the storm has all but bid goodbye"	21
IX	"Temprati nel freddo (la neve)"	22
IX	"Tempered by the cold (the snow) "	23
X	"La pioggia picchiettava leggera"	24

X	"The rain tapped lightly"	25
XI	"Dopo aver riso e scherzato, mi disse"	26
XI	"Having laughed and joked, he said to me"	27
XII	"Laura, coi suoi capelli fulvi e crespi"	28
XII	"Laura, with her curly amber hair"	29
XIII	"Era l'ora del tramonto: parlava"	32
XIII	"It was dusk: he was speaking"	33
XIV	"New York di notte è un sassofono"	34
XIV	"New York by night is a saxophone"	35
XV	"Forse diresti che il più duro esilio"	38
XV	"Perhaps you would say that the hardest exile"	39
XVI	"Al ritmo d'un liquido gorgoglio"	42
XVI	"To the rhythm of a liquid gurgle"	43
XVII	"Isabella amava la mia lingua"	44
XVII	"Isabella loved my tongue"	45

ADAGIO MOLTO E CANTABILE
ANDANTE MODERATO

XVIII	*Christmas '85*	48
XVIII	*Christmas '85*	49
XIX	"Non ti senti un po' stanco la sera"	56
XIX	"Don't you feel a bit tired at night"	57
XX	"Un più inerte abbandono "	58
XX	"A more idle abandon"	59
XXI	*Lettera al Padre*	60
XXI	*Letter to the Father*	61
XXII	"Ho perso i miei sensi ed ogni controllo"	64
XXII	"I lost my senses and all pull"	65
XXIII	*Ode all'America*	66
XXIII	*Ode to America*	67
XXIV	"Negli occhi impietriti"	70
XXIV	"In your petrified eyes"	71

XXV	"Quel giorno che ridesti"	72
XXV	"That day you laughed"	73
XXVI	"Non l'ultimo sarò in questo gioco"	74
XXVI	"I will not be last in this bitter"	75
XXVII	"Se cresce la gramigna, il grano soffoca"	76
XXVII	"If the grass grows, the wheat chokes"	77
XXVIII	"La pioggia cantava sorniona"	78
XXVIII	"The rain sang slyly"	79
XXIX	"All'aria frizzantina della sera"	80
XXIX	"In the crisp air of the evening"	81
XXX	"Per le strade che sudano, sparsi"	82
XXX	"In the streets that sweat, scattered"	83

PRESTO – ALLEGRO

XXXI	"Adesso che molte (e forse troppe)"	86
XXXI	"Now that many (and perhaps too many)"	87
XXXII	"Forse anche tu, uscendo al freddo al mattino"	88
XXXII	"Perhaps even you, leaving in the morning cold"	89
XXXIII	Sonetto della confessione	90
XXXIII	Sonnet of confession	91
XXXIV	A te, Madre, l'ineluttabile domanda	92
XXXIV	To you, Mother, the ineluctable question	93
XXXV	Sonetto della rimambranza	94
XXXV	Sonnet of remembrance	95
XXXVI	"Come un sasso nell'acqua scagliato"	96
XXXVI	"Like a stone cast in the water"	97
XXXVII	"Il giorno che saprò fare al tuo viso"	98
XXXVII	"The day that I will know how to make for your face"	99

ABOUT THE AUTHOR	101
ABOUT THE TRANSLATOR	101

Nell'*America dei Padri*: un poema di Ernesto Livorni

Se la pluralità dei modi, delle forme, dei generi sperimentata da un unico individuo nel lavoro letterario e del tutto scontata e quasi incoraggiata, negli Stati Uniti (come — ad esempio nella Yale che è luogo di elezione pedagogica e poetica per Ernesto Livorni — mostrano i casi sommi di John Hollander e di Harold Bloom), tale ovvia acquisizione non si ripete in Italia. Nel nostro paese — infatti — è normale che un grande poeta sia anche un grande critico e un traduttore almeno corretto (com'è stato com'è per Montale e per Sereni, per Luzi e per Caproni, per Erba e per Zanzotto, per Sanguineti e per Fortini, per gli stessi D'Elia e Magrelli); Ma è invece molto più difficile che un professore, per una certa ipoteca idealistica non ancora del tutto superata oltre che per una serie di consorterie settoriali, tra accademie di vario tipo e poteri editoriali o mediatici, venga ritenuto credibile anche nel campo creativo. Così, il destino delle letterature comparate nelle università italiane è ancora nebuloso, non fosse per l'impegno ancora un po' troppo isolato di qualche personalità eminente come Antonio Prete o come Remo Ceserani: mentre, nella loro veste di professori, i poeti italiani in terra d'America sono tutti ottimi comparatisti. Il fatto poi che l'attività multanime di Pasolini abbia dato e continui a "dare scandalo" e che le posizioni sull'Eco romanziere espresse dall'establishment culturale abbiano portato alla luce contrasti cospicui e solo la spia di un atteggiamento diffuso, magari non teorizzato ma in larga parte condiviso.

Così, non c'è dubbio che un condizionamento simile pesi sul riconoscimento che il lavoro poetico svolto in questo ultimo decennio negli Stati Uniti deve ancora ricevere nella sua forma più piena entro i confini di quella che un tempo si usava definire patria: perplessità che invece non ha per fortuna coinvolto poeti ticinesi pure molto efficaci come Giorgio Orelli o Fabio Pusterla. Non voglio avventurarmi qui in gerarchie di gusto e di valore, né tantomeno lasciarmi coinvolgere dal gusto fine secolare di riscrittura pressoché infinita (e non di rado arbitraria) dei canoni della contemporaneità. Sarà un'attenzione critica non pregiudicata e il più possibile specifica a libri che sono magari destinati a trovare il tempo esatto della propria ricezione soltanto in un futuro più o meno lontano a determinare—come pure è necessario —nuove coordinate di riferimento per la letteratura che adesso sta accadendo o che è appena accaduta dall'altra parte dell'Atlantico.

C'è un altro dato di fatto sul quale vorrei piuttosto, ancora in sede preliminare, soffermare la mia attenzione. Ed è che questo proliferare di attività poetica, questa affermazione della lingua italiana *in partibus infidelium*, avviene proprio negli Stati Uniti, vale a dire in un paese non soltanto egemone, attraverso la *fiction* e le tecnologie avanzate, non meno che attraverso il multiculturalismo o la potenza economica e militare, dell'Occidente avanzato come di gran parte del Terzo e del Quarto mondo; ma egemone anche e soprattutto per la capacità di diffondere la sua lingua, quell'inglese più o meno basico che è davvero il nuovo esperanto mondiale, su un piano quantitativo contrastato soltanto dalla lingua cinese. Ed è certo giusto aver rilevato da più parti quanto—sul piano letterario—al consolidamento e alla varietà inclusiva di questa koinè possano contribuire le forme ibridate di un inglese non acquisito come lingua naturale, ma assunto a posteriori, in una forma di slang che scarta notevolmente dalla tradizione acquisita, come lingua dell'espressione creativa da parte di scrittori che prendono le mosse da esperienze di esplicita colonizzazione: i casi di Salman Rushdie e di

Derek Walcott, tra i moltissimi possibili, sono già abbastanza esemplari.

Nel caso dei nostri poeti, tuttavia, avviene il fenomeno contrario. E per quanto la diglossia di italiano e di inglese sia un fattore costitutivo della !oro attività quotidiana per la (e nella) letteratura, sempre in una logica di ponte aperto tra culture e rivendicando proprio la necessità di un'opera incessante di traduzione da un codice all'altro (sul piano meramente linguistico oltre che su quello delle nuove voci che vengono fatte risuonare, in contemporanea e per la prima volta, nella nostra lingua), il fatto che l'italiano mantenga in loro una propria identità e una spiccata dignità sperimentale è un elemento tutt'altro che trascurabile. In primo luogo perché—a un secolo di distanza dall'emigrazione più massiccia dall'Italia verso gli Stati Uniti e dal nostro primo sforzo di colonizzazione—diviene un elemento di forza la mancata capacità di espansione e di sedimentazione colonialistica del nostro paese. Se infatti la lingua inglese e quella francese devono necessariamente assumere una posizione conservativa, difensiva, nel ricevere gli attuali innesti letterari dalle realtà linguistiche di creolizzazione che sono venute formandosi all'interno delle !oro periferie imperiali, l'italiano si propone—nel caso in questione—in un ruolo contrastivo di lingua minoritaria ma letterariamente canonica che si confronta—a un livello assai elevato di elaborazione—con la lingua e con le istituzioni culturali che dominano l'Occidente. Ma dal momento che, come avviene per la poesia espressa nei dialetti locali in rapporto a quella in italiano, l'influsso letterario del codice dominante è ad un tempo forza che consuma la lingua più debole e sua palingenesi futura, qui tale influsso agisce a due livelli, seguendo le mappe di due tradizioni entrambe molto forti e presentandosi nella forma di una traducibilità inesausta e pure necessaria che entra a far parte dello specifico del testo. Anzi, r:-

flettendo proprio sulla qualità e sul prestigio del lavoro critico e pedagogico svolto negli Stati Uniti da poeti come Ernesto Livorni, si deve nello stesso tempo evincere che non propriamente di esilio si possa nel suo caso parlare, quanto di una erranza a doppio senso di marcia, con un'onda di ritorno che dal centro si dirige verso le zone di confine, senza più alcuna intenzione o possibilità di conquista. Basti pensare all'interesse anche tematico rivolto da alcuni dei poeti italiani emigrati negli U.S.A. alle culture "dominate" d'America.

Altre ragioni si legano poi all'articolatissima vicenda dell'emigrazione dall'Italia negli Stati Uniti, a partire dal secolo scorso, con le sue Little Italies gremite di suggestioni folkloriche e di nostalgie piuttosto regressive, che facevano spesso sì che gli italoamericani di seconda generazione continuassero magari a comunicare con i genitori nel dialetto di origine, ma—parlando a scuola, per strada, nei luoghi di lavoro l'inglese—ignorassero completamente l'italiano. E in effetti, se si riflette sull'estensione quantitativa del fenomeno migratorio, ci si rende conto che ad esso non corrisponde uno sviluppo altrettanto adeguato del tema in chiave letteraria, sia che si prenda in considerazione la produzione degli emigrati e dei loro discendenti più diretti, sia che si studi invece lo sviluppo tematico dell'emigrazione. A parte un romanzo di De Amicis, non pochi testi di Pascoli, alcuni accenni di Pirandello, bisogna attendere la passione dei Vittorini, dei Pavese, dei Soldati, dei Silone—oltre alle riflessioni di due intellettuali come Giuseppe Antonio Borgese e Giuseppe Prezzolini—per verificare la consistenza di un'attenzione non casuale alle cose americane viste da una specola letteraria italiana, prima della neoavanguardia degli anni '60. Intanto, sullo sfondo, permangono le non infrequenti fasi antiamericane, diffuse nella nostra opinione pubblica prima dalla propaganda fascista, poi dalla contestazione del '68, in seguito alla protesta diffusa in tutta Europa contro la guerra del Vietnam. L'*America dei Padri* di Ernesto Livorni viene dunque a rinnovare, con tempestività invero singolare, un tema tanto necessario quanto trascurato dalla nostra produzione letteraria.

Ed è solo in apparenza paradossale che dai campus di alcune delle più ricche e raffinate università che trasmettono e diffondono la cultura occidentale torni da un po' di tempo in qua a risuonare verso l'altra parte dell'Atlantico una lingua di sì che avvertiamo per molti aspetti come più ricca e più strana, feedback distorto di un'esperienza scissa o ritorno di un rimosso collettivo prima che individuale. Fuori di ogni tendenza nostalgica, o anche solo rievocativa (ed è questo un altro tratto comune non poco rilevante delle scritture dei maggiori dei nostri poeti-critici-professori traduttori in terra americana, da Ballerini a Valesio, da Fontanella a Moroni, da Carrera alla Paulicelli), non è poi così improponibile riportare la Heimat che occorre prima possedere per poterne poi fare a meno all'esperienza che abbiamo davanti ai nostri occhi — e nelle nostre orecchie se proposta in forma di performance — di una poesia dal doppio passaporto. Essa è capace di avvalersi di un immaginario potenziato e sempre in movimento (secondo un'autentica esperienza di crinale) e di trame intertestuali che si diramano secondo una competenza moltiplicata, perché per studiosi autentici gli Stati Uniti sono alla lettera un luogo multiculturale, quindi anche una *nowhereland* della poesia, ove non è necessariamente la matrice anglosassone a prevalere.

E, se è vero che ci sono lingue più fragili, nel passaggio dall'oralità alla scrittura, come quelle creole, nate dalla colonizzazione, è anche vero che ce ne sono altre, come l'italiano, che hanno avuto i propri monumenti letterari all'inizio del loro processo formativo e che, incontrandosi con quel codice di mondializzazione che è l'inglese, possono anche ambire a radicalizzare la propria identità, a divenire il polo altro di una dinamica comunicativa, che non lascia inalterata la lingua poetica dell'inglese (tanto che tra i maggiori dantisti, oggi, figurano una Barolini e un Freccero) e che a maggior ragione dovrebbe modificare anche quella dell'italiano. Una parola decisiva, in proposito, spetta a un grande poeta martinicano come Edouard Glissant: "Non si può più scrivere una lingua in modo monolingue. Si è obbligati a tenere conto degli immaginari delle lingue. (...) Non si potrà salvare una lingua in un paese lasciando morire le altre; esiste una solidarietà fra tutte le lingue minacciate, fra cui la lingua anglo-americana, che è colpita quanto la lingua francese dall'egemonia della convenzione internazionale dell'anglo-americana. Credo che ci sia una solidarietà di tutte le lingue del mondo e che ciò che crea la bellezza del caos-mondo è questo incontro, sono questi scoppi, queste esplosioni di cui non siamo ancora riusciti a capire né l'economia, né i principi."

Il caso particolare di Ernesto Livorni, certo tra i più fecondi e sorprendenti dei poeti in lingua italiana che vivono e operano negli Stati Uniti, è il caso di un poeta che partecipa pienamente della situazione fin qui descritta, collocandosi con Mario Moroni e con Alessandro Carrera nella generazione immediatamente successiva a quella dei primi "grandi" d'oltreoceano in lingua italiana, Paolo Valesio e Luigi Ballerini. Livorni è reduce da un'opera di grande tensione metaforica, intitolata *Nel libro che ti diedi* (Campanotto, 1998), non troppo "alla buona" né "alla confusa," come recitavano in chiave autoironica le sue due sezioni. In quella sede, egli aveva trovato nella forma sonetto appigli sempre più certi e più felicemente contrastivi alla propria pulsione di sovrabbondanza: "Con te ho bruciato la terra bruna:/ eppure giochiamo con gli occhi smunti/ come se fossimo sterpi consunti."

In questo L'*America dei Padri*, Livorni è invece interessato più direttamente a una dimensione epico-narrativa, la cui cornice "esecutiva" suggerisce direttamente un'intenzione musicale, fin dall'"Allegro ma non troppo, un poco maestoso" dell'incipit. Ma l'impeto melodrammatico dei presupposti sfugge ad ogni risvolto che possa apparire ovvio, a favore di una scioltezza nuova del dettato, ora suddiviso nelle strofe canoniche della poesia narrativa (sestina e soprattutto ottava), ora impostato su una lassa monostrofica. È un'operazione di alta raffinatezza critica, questa compiuta dal poeta-professore, capace di combinare certo d'Annunzio poematico e il Pascoli più estremo dei *Primi Poemetti* ("Italy") e di *Castelvecchio* ("Il ciocco") con un Whitman in Italia mai troppo assimilato, se si fa eccezione per i moti rivoluzionari delle origini protonovecentesche (vivi in un Jahier non meno che in un Bacchelli), con le appendici — poi — di Pavese e, soprattutto, dei Pasolini e dei Roversi redattori negli anni '50 di *Officina*. Più vicino, permane sullo sfondo il Bertolucci della *Camera da letto*, sottratto però a ogni alone soggettivamente narcisistico e condotto di là dalla sponda del familiare e del domestico, verso una frontiera di ben altra portata rispetto a quella del crinale appenninico.

Così, il tema e il genere di questa opera finemente compatta di Ernesto Livorni dicono già, in sé, di novità forti e coraggiose. Ma, a chi è non da oggi un lettore attento e appassionato della sua poesia, dicono anche di un fraseggio calibrato ormai alla perfezione, capace di rendere equilibrato il rapporto, per ogni poeta difficile da sostenere, tra accensione melodica e ragionamento, tra stupore primigenio e passione della mente. È una sorta di discorso o di ritmo secondo, portato a superare la divisione logico-grammaticale delle parole e a fare al contempo da traino a un impeto conoscitivo che mira a travalicare le barriere tra le generazioni e tra l'individuale e il collettivo. Si consideri, per questo, l'esemplare "Lettera al Padre," una pagina alta della poesia di questi anni, che—capovolgendo l'ordine cronologico—solleva ad afflato corale uno slancio già di Sbarbaro:

> Eccomi, Padre. Ormai anche il tempo
> ha ceduto il suo scettro imbiancato
> e torni, ancestrale figura, o forse
> son io che percorro la strada. Padre,
> ero già vecchio quando ...

Alberto Bertoni

The Fathers' America:
A Book of Poems by Ernesto Livorni

If the plurality of modes, forms and genres sampled by a single individual engaged in literary production are predictable and almost encouraged in the United States (as shown by the exemplary cases of John Hollander and Harold Bloom, or in the pedagogical and poetic choice of Yale by Ernesto Livorni), such an obvious diversity is not found in Italy. In our country—in fact—it is normal that a great poet is also a great critic and at least an accurate translator (as it was or as it is for Montale and for Sereni, for Luzi and for Caproni, for Erba and for Zanzotto, for Sanguineti and for Fortini, even for D'Elia and Magrelli); but it is much more difficult that a professor can be considered credible in creative endeavors. This is due to a certain idealistic deficit not yet completely repaid as well as to a number of local cliques, between various types of academies and media and editorial forces. So the fate of comparative literature in Italian universities is still nebulous, if not for the still-limited commitment of some eminent personalities such as Antonio Prete or Remo Ceserani: while Italian poets on American soil, in their capacity as professors, are all great comparatists. The fact that Pasolini's mutifaceted activity created and continues to "create a scandal," and that views on Eco-as-novelist expressed by the cultural establishment have unearthed substantial contrasts, is only indicative of a widespread attitude, perhaps not theoretically supported but, in large part, shared.

So there is no doubt that a similar reframing hangs on the recognition that the poetic output generated in the last decade in the United States must still incorporate what once defined homeland into its complete form: a perplexity that fortunately did not involve Ticinese poets Giorgio Orelli or

Fabio Pusterla, despite their efficacy. I have no desire to venture into hierarchies of taste or importance, nor become engaged in the turn-of-the-century fashion of the nearly infinite (and often arbitrary) rewrites of contemporary canons. Critical attention, unaffected and as specific as possible, will be paid to books that are destined to find their reception in a more or less distant future in order to determine—as is also necessary—new points of reference for the literature that is happening now or that has just happened across the Atlantic.

There is another fact that I would like to point out here at the beginning. This proliferation of poetic activity, this affirmation of the Italian language *in partibus infidelium*, is happening in the United States. In a country that is not only dominant, through literature and advanced technology, and no less through multiculturalism or military and economic strength, in the West and in large part in so-called Third and Fourth World countries. This dominance extends, most importantly, to the United States' ability to spread its language: that more or less basic English which is truly the world's new Esperanto, quantitatively in contrast only to Chinese. And, as many have rightly observed, the consolidation and inclusive variety of this language—in the literary realm—can contribute to hybrid forms of English not learned as a natural language but taken on after the fact, as a type of slang that significantly ignores the inherited tradition. This is the language of creative expression used by writers who learned their craft from experiences of explicit colonization: among many possibilities, Salman Rushdie and Derek Walcott are prime examples.

In the case of our poets, however, the opposite is true. And for as much as the diglossia in Italian and English is a constitutive factor in their daily use for (and in) literature, always with an eye to openly bridging cultures and asserting the very necessity of continuous translation from one code to the other (at a merely linguistic level as well as among the new voices that are sounding, contemporaneously and for the first time, in our language), the fact that Italian maintains its own identity and a strong experimental dignity is not insignificant. In the first place, a century from the most massive emigration from Italy to the United States and from our first effort at colonization, it becomes an element of strength because of our country's inability to expand and colonize. Perhaps English and French must necessarily assume a conservative, defensive position to receive literary grafts from the linguistic realities of creolization that arose on the periphery of their empires. Italian then emerges, as in the case in question, in a contrasting role as a minority language but still part of the literary canon—at an extremely high level of refinement—that takes on the language and the cultural institutions that dominate the West.

But at the moment that the literary influence of the dominant code is a temporal force that consumes the weaker language and its future palingenesis, as happens for poetry written in local dialects with respect to Italian, here this influence works on two levels, following the guide of two very strong traditions and taking the form of a tireless and yet necessary translatability that becomes part of the specifics of the text. In fact, reflecting on the quality and prestige of the critical and pedagogical efforts realized in the United States by poets like Ernesto Livorni, one must at the same time infer that exile per se cannot be discussed in his case, as much as a two-way wandering, with a wave of return that goes from the center toward the borders, with no intention or possibility of occupation. Suffice to think of the thematic interest addressed by some of the emigrant poets in the U.S.A. to the 'dominant' cultures of America.

Other reasons connect to the very clear moment of emigration from Italy to the United States, starting in the 19th century, with crowded Little Italies, folkloric in suggestion and rather regressive in nostalgia, often making sure that second generation Italian-Americans continued to communicate in dialect with their parents but –speaking English in school, on the street and in the workplace– they completely ignored Italian. And in effect, if one reflects on the quantitative extension of the migratory phenomenon, one realizes that this does not correspond to a particularly fitting development of a literary tradition, in that it both takes into consideration the output of the emigrants and their direct descendants, and, on the other hand, in that it focuses on the thematic development of emigration. Excluding a novel by De Amicis, not a few texts by Pascoli, some references by Pirandello, one must wait for the passion of Vittorini, Pavese, Soldati, Silone—not counting the reflections of intellectuals like Giuseppe Antonio Borghese and Giuseppe Prezzolini— to find the quality of a non-casual attention focused on things American seen through an Italian literary lens, before the neo-avant-garde of the 1960s. Nevertheless, in the background, permeate the non-infrequent anti-American phases, diffuse in our public opinion before fascist propaganda, then by the protests in '68 and after the widespread protest throughout Europe against the Vietnam War. And so *The Fathers' America* by Ernesto Livorni renews, with a truly singular timeliness, a theme as important as it is ignored by our literary production.

From the campuses of some of the wealthiest and prestigious universities that transmit and spread Western culture it only appears paradoxical that a language of *sì*, that we perceive as richer and stranger in many ways, feedback distorted by a torn experience or the return of something taken, more collective than individual, is returning here, for some time now, an echo towards the other side of the Atlantic. Outside of any nostalgic, or even commemorative, tendency (and this is another common trait, quite relevant, in the writings of the greatest of our poets-critics-professors-translators on American soil, from Ballerini to Valesio, from Fontanella to Moroni, from Carrera to Paulicelli), it is not then so impossible to reclaim the required *Heimat* before being able to at least claim the experience we have before our own eyes, and in our ears in the case of a performance, a poem with dual citizenship The poem can avail itself of an imaginary strength, ever in motion (as in an authentic mountaintop experience), and of intertextual themes that branch out with increasing proficiency, because for authentic scholars the United States is a multicultural place to the letter, and therefore a nowhere land of poetry, where it is not necessarily the Anglo-Saxon imprint which prevails.

And, if it is true that there are more fragile languages, in moving from the oral to the written, as with creoles, born of colonization, it is also true that there are others, like Italian, that have had their own literary monuments at the origin of their formative process and that, encountering that globalizing code that is English, can aspire to a radical identity, to become the other pole in a communicative dynamic, that does not leave poetic English unadulterated (so that Barolini and Freccereo figure among today's greatest *dantisti*) and which should moreover change poetic Italian. A decisive word on the topic is owed to a great Martinican poet like Edouard Glissant: "You cannot write a language monolingually. You are obligated to bear in mind the unconscious elements of language. (...) You will not be able to save a language in a country while letting the others die; there exists a solidarity among all threatened languages, in particular Anglo-American which is as affected as French by the hegemony of Anglo-American international convention. I believe there is a solidarity of all world languages and that this meeting, these surges, these explosions, create the beauty of a chaos-world; and we have not yet understood the economy or the principles behind them."

Ernesto Livorni, certainly among the most productive and surprising Italian-language poets who live and work in the United States, is a poet who fully participates in the situation here described, in the company of Mario Moroni and Alessandro Carrera in the generation immediately following the first Italian-language 'greats' from across the ocean, Paolo Valesio and Luigi Ballerini. Livorni is coming off a work of great metaphoric tension, entitled *Nel libro che ti diedi* (Campanotto, 1998), neither too 'alla buona' nor 'alla confusa', as he wrote auto-ironically in the two sections of his text. In that role, he found in sonnet form ever more certain and happily contrasting pretexts to his own impulse towards overabundance: "With you I burned the dark earth:/ and yet we play with sunken eyes/ as if we were old twigs."

In *The Father's America*, Livorni is more directly interested in an epic-narrative dimension, whose 'executive' frame expressly suggests a musical intention, beginning with "Allegro ma non troppo, un poco maestoso" in the incipit. But the melodramatic impetus of the premise defies any category that might seem obvious in favor of a new fluency in dictation, here subdivided in the canonic strophes of narrative poetry (sestet and primarily octave), there imposed on a single-strophe laisse. It is a work of highly refined criticism, realized by the poet-professor who can combine particular poetics of d'Annunzio and the furthest Pascoli from *Primi Poemetti (Italy)* and *Castelvecchio (Il ciocco)* with a Whitman-in-Italy that was never absorbed fully, if an exception can be made for the proto-nineteenth century revolutionary impulses (present in a Jahier no less than in Bacchelli), with appendices — then — of Pavese and, most importantly, of the

1950s "Officina" editors Pasolini and Roversi. Drawing closer, Bertolucci of *Camera da letto* lingers in the background, diminished however by each subjectively narcissistic aura and drawn away from the shores of the familiar and domestic, towards a border with quite a different significance than the ridge of the Apennines.

So the theme and genre of Ernesto Livorni's finely packed work already speak, in and of themselves, of strong and courageous innovation. But for those who are not presently dedicated and enthusiastic readers of his poetry, they speak of a phrasing calibrated to perfection, able to balance the relationship — difficult to maintain for any poet — between melodic ascension and reason, between primordial amazement and mental passion. It is a kind of discourse or second rhythm, equipped to surpass the logical-grammatical division of words and to simultaneously be the driving force of a cognitive impetus that aims at crossing the boundaries between generations and between the individual and the collective. In this spirit is the exemplary "Lettera al Padre," a page from the high poetry of these years, which — inverting the chronological order — raises a Sbarbaro-esque impulse to a choral afflatus:

> Here I am, Father. By now even time
> has surrendered his whitened scepter
> and you return, ancestral figure, or perhaps
> it is I who walk the path. Father,
> I was already old when...

Alberto Bertoni

L'America dei Padri

The Fathers' America

Allegro Ma Non Troppo, Un Poco Maestoso

I

Due mesi viaggiò prima di giungere
e l'anno perfino mio nonno, suo figlio,
l'ha dimenticato: che differenza
ci fosse tra gli olmi a Marulli
e quelle grandi sequoie
presto anche lui l'ha dimenticato.

L'arrivo non fu di quelli trionfali,
anzi, per vero, nemmeno s'accorse
ch'era arrivato. Si vide disperso
tra la sabbia che rossa al mattino
rendeva di fuoco creste di roccia
e il cielo turchese vampa di vetro.

Cosa facesse ancor oggi è mistero,
ma pare spaccasse la legna; forse
le schegge avrebbero dato una luce
se tanto il sudore in gocce rapprese
non gli avesse nascosto allo sguardo
l'alba che ogni mattino scioglieva
il sonno e le membra dentro la tazza
e fondeva nel fumo il respiro.

Due mesi viaggiò prima di giungere
e l'anno non l'ho mai saputo:
che differenza ci fosse, d'altronde,
in quel tempo di carri bestiame
e l'era che sprizza le fiamme
rimane un'onda leggera, che bagna
appena la sabbia, e il mare riassorbe:
presto anche lui l'ha dimenticato.

I

Two months he traveled before arriving
and even my grandfather, his son, had forgotten
the year: what difference
there was between the elms in Marulli
and those grand sequoias
he too had soon forgotten.

The arrival was not triumphal,
truthfully, not even he knew
he had arrived. He saw himself dispersed
among the sand that reddens in the morning
making the rocky peaks into fire
and the turquoise sky a flame of glass.

What he was doing remains a mystery even today,
but it seems he was chopping wood; perhaps
the chips would have given light
if so many heavy beads of sweat
had not hidden from his gaze
the dawn that each morning melted
sleep and his limbs inside the bowl
and mixed his breath in the smoke.

Two months he traveled before arriving
and the year, I never discovered:
what difference there was, however,
between that time of livestock wagons
and the era that bursts with flames
remains a gentle wave that barely
washes the sand, and the sea reabsorbs:
he too had soon forgotten.

II

"Il mare è infatti la mia passione
più profonda: m'attira veramente
come una patria."
—Gabriele D'Annunzio

Il mare allora m'appariva
come un presagio, l'ignoto
che ogni futuro nasconde
m'arrideva sulla cresta
di onde che bianche di spuma
sbavavano la mia voglia d'andare.

Non ero ancora vecchio abbastanza
per solcarlo ad occhi chiusi,
non avevo ancora vissuto
metà della mia vita per temerlo,
e lo guardavo carezzarmi
come un'esperta fanciulla azzurra.

L'avessi potuto stringere in pugno
e lasciarlo andare a mio piacere,
l'avessi potuto abbracciare soltanto,
ebbene avrei riso, avrei riso
e null'altro m'avrebbe fermato
se non la scandita liquida fuga.

II

"The sea is in fact my deepest
passion: it truly draws me as
a homeland."
— Gabriele D'Annunzio

The sea then appeared to me
as a premonition, the unknown
that every future hides
turned to me smiling on the crest
of waves that, white with foam,
enthused my desire to leave.

I was not yet old enough
to plough through it with eyes closed,
I had not yet lived
half my life to fear it,
and yet I would watch it caress me
as an expert azure maiden.

Had I been able to grasp it in my fist
and let it go when I wanted,
Had I been able to at least embrace it,
so I would have laughed, I would have laughed
and nothing else would have stopped me
if not the measured liquid flight.

III

Sonetto a Matteo

"È questo il tuo treno?" chiese Matteo,
sgranando gli occhi sull'interminabile
fila di vagoni. "Certo, compare,
è questo il mio treno." "E quando torni?"

incalzò perentoreo Matteo.
Lo scrutai, mentre il suo occhio agile
fissava attonito, quasi a frenare
lo stridere dei freni e dei giorni:

"Dopo il sole giunge ormai la stagione
delle piogge e, dopo la neve, spunta
la fioritura. E vedrai il mio arrivo

col grano maturo." Con l'espressione
attonita, sentii come una punta
al cuore, quando disse: "Io ti scrivo!"

III

Sonnet for Matteo

     "Is this your train?" asked Matteo,
the indeterminable cars passing by
drew his gaze. "Exactly friend,
this is my train." "And when will you be back?"

     with authority pressed Matteo.
I scrutinized him while his agile eye,
paused in shock, almost made an end,
to the screeching of the days and the track:

     "After the sun eventually reaches its place
for the season of rain, and after the snow, rife
comes the bloom. And my return you will sight

     with the full grain." With a face
astonished, I felt as though knife
were through my heart, when he said: "I'll write!"

IV

"We, the last who can still draw joy from cynicism,
We, whose cunning is not unlike despair."
—Czeslaw Milosz

Noi, che siamo rocce sul mondo;
noi che al mare guardiamo
come fari in tempesta; noi
che ogni giorno sentiamo
corrodere tutto dal fondo
e come basalto di torri antiche
stagliamo le braccia più in alto
nel cielo, noi gridiamo
che giungerà un tempo il tempo
dell'eternità! Noi
che ridiamo anche con gli occhi
e con lo sguardo puntiamo già oltre;
noi, come statue sorgenti dall'acqua,
frangendo in colori diurni
nel cielo, noi cantiamo!

IV

"We, the last who can still draw joy from cynicism,
We, whose cunning is not unlike despair."
—Czeslaw Milosz

We, who are boulders on the world;
we who look at the sea
like lighthouses in the storm; we
who each day feel
everything corroding from below
and like basalt from ancient towers
we raise our arms high in outline against
the sky, we cry out
that a day will come – the day
of eternity! We
who laugh even with our eyes
and with our gaze pierce the beyond;
we as statues sprung from water,
shattering in diurnal colors
in the sky, we sing!

V

Ho travolto ogni più simpatico
affetto, pur di andare; una forza
più grande del tuono m'ha spinto
e il mare l'ho varcato bevendo,
bevendo quel sale che scioglie nel pianto.

Ho varcato ogni forte barriera;
ferme catene a questa terra
erano gli alti confini dei monti;
il vento m'ha dato una mano:
ho varcato i confini e sono andato.

Ho raccolto ogni previa speranza,
gli anni trascorsi su questa pelle,
e il sacco non era pesante; soltanto
negli occhi un'immagine resta
che invano l'Oceano sciacqua.

V

    I brushed away every kindest
caress, just to do it; a force
greater than thunder pushed me
and I crossed the sea drinking,
drinking that salt that dissolves in a cry.

    I crossed every strong barrier;
steady chains of this earth
were the high confines of the mountains;
the wind leant me a hand:
I crossed over the confines and I went.

    I gathered every prior hope,
the years spent in this skin,
and the yield was not heavy; only
before my eyes an image remained
that the Ocean rinses in vain.

VI

"...Un'immensa moltitudine di
uomini, una serie di generazioni,
che passa su questa terra, sulla sua
terra, senza lasciarci traccia, è un
tristo ma importante fenomeno..."
— Alessandro Manzoni

Ho preso un treno, una volta, due volte,
cento volte e sempre ho incontrato visi
scuri negli occhi impietriti, le mani
tozze nei pastrani sporchi, indurite
di calli e disperazione e l'odore
del sale della marina soltanto
poteva scuotere i loro capelli
arruffati, nascosti nei berretti
di lana, e calcificare sui peli
d'una barba incolta. Ho preso un treno,
una volta, due volte, cento volte
e sempre ho viaggiato con facce nere,
senza l'ombra d'un sorriso ed il pianto
lasciava dei segni su quelle guance,
tracciava le loro espressioni come
rughe infitte a colpi di zappa, colpi
di martello o di vite, chiavi inglesi
d'un'umanità sfaldatasi come
zolle di terra riarsa. Ho preso
un treno, una volta, due volte, cento
volte e sempre ho gridato che ieri
fu Pasqua, Pasqua di Resurrezione,
Pasqua di pane e vino che mangiammo
sfregandoci le mani al fuoco, pane

VI

*...An immense multitude of men, a
series of generations, that tread this
earth, their earth, without leaving a
mark, it is a sad but important
phenomenon..."*
— Alessandro Manzoni

I caught a train, once, twice,
a hundred times and I always met faces,
dark in their stony eyes, hands,
pudgy in their dirty overcoats, hardened
with calluses and desperation and the odor
of salt from the shore could
only stir their winnowed
hair, hidden beneath caps
of wool, and calcify on the whiskers
of an unkempt beard. I caught a train,
once, twice, a hundred times
and I always traveled with blackened faces,
without the hint of a smile and the cry
left its sign on those cheeks,
traced their expressions like
wrinkles fixed by strikes of a hoe, strikes
of a hammer or a screw, wrenches
of a humanity breaking up like
clods of dry earth. I caught
a train, once, twice, a hundred
times and I always cried out that yesterday
was Easter, Resurrection Sunday
Easter of bread and wine that we ate
rubbing our hands by the fire, bread

ancora caldo e fragrante, sudato,
e vino che gorgoglia lento e rosso
come la rabbia di un'imprecazione
alta in cielo. Ho preso un treno, una volta,
due volte, cento volte ed ho sperato
ogni volta che certamente fosse
quello il treno della rivoluzione,
il treno che non ferma alle stazioni
se non per quei corpi laceri, smunti,
per dargli il grido del fischio del treno,
se non per la gente che come me
scartozza il pane e beve il vino in treno
una volta due volte cento volte...

still warm and fragrant, moist,
and wine that gurgles slowly and red
like the rage of a blaspheme
high in the heavens. I caught a train, once,
twice, a hundred times and I hoped
each time that surely that were
that train of revolution,
the train that does not stop at stations
unless for those ragged bodies, pallid,
to give them a wail of the train whistle,
unless for people like me
unwrapping bread and drinking wine on the train
once twice a hundred times...

VII

  Taciti, soli e senza compagnia
l'alba ci alza con livore ed andiamo,
con gli occhi cerchiati e la bocca ansante,
picconi pesanti, pale sdentate
e braccia annerite dal sole; soli
come l'ultimo sospiro senza fine,
andiamo zitti ed ancor non è
l'ora del meriggio, quando le cicale
crepano cantando, e noi con loro.

  Di già lo senti il fremito, compagno,
che ci scuote nel sole del meriggio?
Di già mi freme come un gran freddo
che avanza senza il più pallido raggio.
Ci taglia come se fosse un coltello,
ci succhia le forze e ci prostra, denso
il nostro sangue come pece,
frammista al sudore che al sole luccica
impietosa: come vene le strade
d'America ci corrono, esangui.

VII

      Taciturn, alone and without company
the dawn rises with pallor and we go,
with circled eyes and anxious breath,
heavy picks, toothed shovels
and arms blackened by the sun; alone
as the last breath without end,
we go silently and still it is not
the noon hour, when the cicadas
die singing, and we with them.

      Do you already hear the shudder, friend,
that shakes us in the noonday sun?
It shakes me already like a deep chill
that advances without even the faintest beam.
It cuts us as though it were a knife,
it drains us of strength and prostrates us, thick
our blood like pitch,
mingled with sweat that in the sun gleams
pitiless: like veins the roads
of America run through us, bloodless.

MOLTO VIVACE

VIII

Quando il temporale ha ormai squassato
l'afa del meriggio estivo o la pace
dell'aria rara in primavera, giace
ciò che in cielo sembra segno del fato

in pozzanghere e pantani di strada,
in sette colori d'arcobaleno
che s'inseguono vivi e senza freno
fusi nella luce finché dirada.

Così nella mente invasa un ricordo
apre un varco nel cui spessore mesce
le pene del passato finché esce,

fuso con quelle del presente, il bordo
di crociera che traversa la storia
all'iride tersa della memoria.

VIII

When the storm has all but bid goodbye
the swelter of a summer noon or the ease
of a rare spring breeze,
that which seems proof of fate lies in the sky.

In puddles and bogs in the streets,
in the rainbow's seven colors caught
themselves, lively and breaking not,
merged in the light until it fleets.

So in the overrun mind a thought
opens a passage whose depth outpours
the pain of the past until it comes outdoors,

merged with those of the present, the plot
of the ship that traverses times gone by
through the narrow iris of the mind's eye.

IX

Temprati nel freddo (la neve
era appena discesa sul prato
che bianco brillava sotto i lampioni)
ci salutammo dicendo:
"È stata una bella chiacchiera."

Poi ognuno strinse il cappotto
e il cammino riprese.

IX

      Tempered by the cold (the snow
had just fallen on the field
that shone white beneath the street lamps)
we said goodbye to each other:
"It was a nice chat."

      Then each of us closed our coats
and the step resumed.

X

     La pioggia picchiettava leggera
i fumi delle metropolitane
che dai fondi tombini a New York
ci salivano in gola a esalarci;
e la pioggia insinuava un gran freddo
colando sulle vetrate riflesse.

     La gente passava, le teste flesse,
senza notare che tutto quel freddo
ci saliva in gola per esalarci
coi fumi delle metropolitane;
e la pioggia ci picchiettava leggera
sotto i fondi tombini a New York.

X

     The rain tapped lightly
the smoke from the subway
that from the deep sewers of New York
was rising in our throats to exhale us;
and the rain suggested a deep cold
dripping from windows reflected.

     People passed by, their heads tilted,
without noticing that all that cold
was rising in our throats to exhale us
with the steam of the subway;
and the rain tapped lightly
beneath the deep sewers of New York.

XI

Dopo aver riso e scherzato, mi disse,
bevendo del vino con parsimonia,
"Che ci facciamo qui?" come sapesse
che era soltanto un tacito accordo.

Ma come possiamo ancora tacere?

XI

Having laughed and joked, he said to me,
drinking some wine frugally,
"What are we doing here?" as if he knew
that it were but a silent agreement.

But how can we still be silent?

XII

Laura, coi suoi capelli fulvi e crespi,
le gote rosse sotto gli occhi vispi,
mi sorrideva d'ingenua malizia
nel prendermi le mani e col giocare
con esse e sol con esse e la passione
più verace era tinta sul suo viso
mentre la guardavo e le raccontavo
intricate storie di pubertà.

Ma Laura, con i suoi polpacci tozzi
e le caviglie fragili e sottili
per poter diventare ballerina,
senz'altro si scaldava nel parlare
di sua madre e dei due padri avuti,
della squallida vita in condominio
e dei suoi studi, scelta razionale
in vista d'un futuro più brillante.

Sì, Laura, con i suoi fianchi stretti
e le anche modellate con sapienza,
sognava ad occhi aperti così come
cantava (il canto era il suo gran rimpianto!)
e parlava dei bimbi che voleva
e gioiva all'immagine del parto,
stringendo il solito orsacchiotto in grembo
convinta ch'essi avrebbero potuto.

Qui Laura, coi suoi teneri pensieri
ed il sudore d'impeto e di foga,
svelava ignara la falsa coscienza
di chi crede che quel mondo migliore

XII

     Laura, with her curly amber hair,
red cheeks beneath lively eyes,
she was smiling at me out of naïve malice
taking my hands and playing
with them and them alone and the true
passion was painted on her face
while I watched her and told her
tangled stories of puberty.

     But Laura, with her thick calves
and fragile and thin ankles
able to become a ballerina,
if nothing else basking in talking
of her mother and her two past fathers,
of the squalid life in an apartment
and of her studies, rational choice
looking toward a brighter future.

     Yes, Laura, with her narrow thighs
and her hips modeled with wisdom,
she dreamed with eyes wide as
she sung (singing was her great regret!)
and she spoke of children she wanted
and rejoiced thinking of childbirth,
squeezing the usual teddy bear in her lap
convinced that they could do it.

     Here Laura, with her tender thoughts
and the sweat of impulse and enthusiasm,
unveiled unaware the false consciousness
of who believes that that better world

cominci a trentacinquemila dollari
l'anno, da qualche multinazionale,
e le cene al ristorante e regali
sfarzosi per Natale e compleanno.

Laura, coi suoi capelli fulvi e crespi,
le gote rosse sotto gli occhi vispi,
se ne stava infine perplessa, quasi
sperasse di leggere conferme
sul mio volto, sebbene avessi voluto
gridarle che l'avevano imbrogliata,
mentre la guardavo e le raccontavo
intricate storie di pubertà.

begins at thirty-five thousand dollars
a year, from some international business,
and the dinners out and opulent
gifts for Christmas and birthdays.

       Laura, with her curly amber hair,
red cheeks beneath lively eyes,
in the end was perplexed by it all, she almost
hoped to read confirmation
on my face, even if I had wanted to
shout at her that they had screwed her,
while I watched her and told her
tangled stories of puberty.

XIII

Era l'ora del tramonto: parlava
dell'importanza della scienza,
dei computers e di come si possa
guadagnare tempo con loro,
ma, superata la curva per strada,
apparve sui tetti arrossati
la luna rotonda come non mai.

XIII

It was dusk: he was speaking
about the importance of science,
of computers and how you could
save time with them,
but, coming out of a curve,
appearing on reddened roofs,
the moon round as never before.

XIV

New York di notte è un sassofono
che tinge il cielo di velluto blu
con le vetrate slanciate ed opache
dei grattacieli senza tetto, sfida
perenne nello spazio che s'incaglia
tra i reticoli di strade ed avenues,
dai quali invano una fuga o soltanto
un rifugio parziale cerchiamo;

un sassofono d'ottone
che si distende nella notte gialla
di luci intermittenti a Manhattan
in un'orchestra di taxi che vanno
(la metropolitana in sottofondo)
tra le dita nere di minoranze
etniche, nelle radio alternative,
sulla pelle bucata di ambulanze.

New York di notte è un sassofono
che tinge il cielo di velluto rosso
nella rabbia calpestata ai margini
dei fuochi ad Harlem, nelle metaforiche
gabbie del Bronx e dello zoo parte
siamo anche noi del Village e di Broadway
non restano che i gatti disperati
mentre annusano polvere e siringhe;

un sassofono in luminescenza
sotto i riflettori di quel concerto
di cui la musica mi balla vene
martoriate dal pulsare sudore

XIV

New York by night is a saxophone
that tints the sky blue velvet
with the tall and opaque windows
of skyscrapers without roofs, perennial
challenge in a space stuck
among the intersection of streets and *avenues*,
from which an escape or even
a partial refuge we vainly seek;

a brass saxophone
that stretches through the night yellow
from the intermittent lights of Manhattan
in an orchestra of taxis that move
(the subway as background)
through the black fingers of ethnic
minorities, on the alternative radios,
on the punctured skin of ambulances.

New York by night is a saxophone
that tints the sky red velvet
in the rage trampled at the edges
of fires in Harlem, in the metaphorical
cages of the Bronx and the zoo – a part
we are too - of the Village and on Broadway;
Nothing is left except the hopeless cats
sniffing dust and syringes;

a saxophone luminescent
under the flood lights of that concert
where the music danced in my veins
tortured by the pulsing sweat

e pianto nell'iridescenza solita
del giorno che s'alza ancora fatidico
come un pendolare che voglia suonare
quest'ultima nota prima dell'alba.

and crying in the usual iridescence
of the day that arose still prophetic
as a traveler that wants to sound
the last note before dawn.

XV

Forse diresti che il più duro esilio
è quello che soffri quando la casa,
la terra, gli amici di sempre lasci
e, varcato il fiume e il mare, vai.

Forse diresti che il più duro esilio
è quello che soffri quieto nei sogni
o nelle veglie notturne: la madre,
la terra ed ogni brandello di quella
vita trascorsa, di quella che ormai
a te o ad altri più non appartiene.

Ma forse quel giorno che venne infine
a separare la notte dall'acqua,
la notte che ci avvolge senza tempo
e nel più fondo segreto nasconde;
forse quel giorno non giunse ferino,
eppure immerso di luce negli occhi?

Son certo che il pianto che primo fuse
noi e la terra, sigillo sicuro
fu al primo distacco, con dolore
che ancora ci marchia, chissà per quanto!

Forse diresti che il più duro esilio
è quello che segna i giochi d'amore,
li forza, li stringe come una rete
senza più varco e con le maglie infitte.

Forse diresti che il più duro esilio
è quello che segna ogni tuo errore

XV

      Perhaps you would say that the hardest exile
is the one you suffer at home,
the land, the longtime friends you leave
and, having crossed the river and sea, you go.

      Perhaps you would say that the hardest exile
is the one you suffer quietly in dreams
or in sleepless nights; mother,
the land and every shred of that
life lived, that life that now
belongs neither to you nor others any longer.

      But perhaps the day that came at the end
to separate night from water,
the night that covers us without time
and in deepest secret hides;
perhaps that day arrived savage,
yet immersed with light in your eyes?

      I am sure that the cry that first fused
us with the land, sure sign
of the first separation, with pain
that still marks us, who knows for how long!

      Perhaps you would say that the hardest exile
is the one marked by love's whims,
he pushes them, pulls them like a net
without an opening, the threads meshing in.

      Perhaps you would say that the hardest exile
is the one that marks your every mistake

ed a sera ti pesa più degli anni
e non sai come librarti nell'aria
più fresca senza quei sensi di colpa
che ogni mattino ti svegliano ansanti.

Ma quel giorno che viene infine
a conciliarci col freddo e col buio,
col buio che ci avvolge senza tempo
e nelle più fonde segrete scende;
forse quel giorno non giunge tremendo,
seppure sommerso in un fato cieco?

Son certo che il riso che presto fonde
noi e la terra, sigillo sicuro
sarà a quel distacco, con dolore
che già ci marchia, e chissà per quanto!

and each night weighs on you more than years
and you don't know how to balance yourself in a fresher
air without the sense of guilt
that each morning wakes you anxious.

But that day that comes at the end
to reconcile us to the cold and darkness,
darkness that covers us without time
and in deepest secret descends;
perhaps that terrible day will not arrive,
even if submersed in a blind fate?

I am sure that the laugh that soon will fuse
us with the land, sure sign
it will be of that separation, with pain
marks us already, and who knows for how long!

XVI

Al ritmo d'un liquido gorgoglio
in mezzo al grano che, ancora per poco,
cresce pur alto là, sulle colline,
vorrei stendermi ancora e godere
dell'alba lo strepito in cielo:
se soltanto ancora avessi quel grido
alto ed improvviso, d'un balzo forse
potrei sorprendere gli uccelli inerti.
Vorrei ascendere come la luna
di questa notte, se soltanto ancora
potessi stendermi sull'erba a sera
bagnata e respirare nel vento.

Ma il tramonto scende con un calore
ignoto ad accendere me, le luci
ed i barbagli della città
sulle cime dei grattacieli:
resto socchiuso davanti alle porte
dei bar, con la sufficienza d'un passo
assopita nei muscoli contratti.
I lampioni fiochi ad intermittenza
asciugano il ritmo dei pochi passi
che la gente del ghetto mi tramanda
e sembra tutto ciò che creiamo
al ritmo d'un liquido gorgoglio.

XVI

      To the rhythm of a liquid gurgle
amidst the grain that, for a still a short while,
grows even that high, on the hills,
I would like to still stretch out and savor
from the dawn the clamor in the sky:
if only I still had that shout
loud and sudden, in a flash perhaps
I could surprise the motionless birds.
I would like to rise like the moon
this night, if only I still
might stretch out on the wet grass
in the evening and breathe in the wind.

      But sunset descends with a unfamiliar
heat to enflame me, the lights
and glitter of the city
atop the skyscrapers:
I am half there in front of the doors
of the bar, under the drowsy strength
of a step through strained muscles.
The faint street lamps intermittently
dry up the rhythm of the short steps
that the people of the slum passed down to me
and it seems everything that we create
to the rhythm of a liquid gurgle.

XVII

Isabella amava la mia lingua
(le piaceva sentirmi parlare
perfino in dialetto, sebbene
non potesse capirlo), ma soprattutto
desiderava sentirla scorrere
sul suo collo coperto di brividi
e solo allora capirci era facile.

XVII

Isabella loved my tongue
(she liked hearing me speak
even in dialect, and even if
she couldn't understand), but above all
she wanted to feel it slide
on her neck, covered in chills
and only then was it easy to understand each other.

ADAGIO MOLTO E CANTABILE
ANDANTE MODERATO

XVIII

Christmas '85

Quell'uomo, con la lunga barba bianca
che gli copriva le guance rosse,
mi ricordava uno scrittore
americano, uno dei tanti
che avevo sognato quando ero giovane.

Stringendo a stento mezza sigaretta,
con la tazza di caffè bollente
(ultimi vizi disperati),
sedette su una vecchia sedia
e stette quieto per ascoltare
vecchi discorsi della sua famiglia.

Io lo guardavo, sorseggiando un vino
dolciastro, sebbene intimidito
da quell'aria quasi pacifica
che da lui d'intorno emanava:
eppure qualcosa mi sfuggiva
tra le rughe delle sue guance rosse.

Ancor oggi, a pensarci, mi sostiene
il ricordo il suo silenzio triste,
che sfuma ogni tratto preciso
e non riesco a dargli un sorriso;
eppure quel giorno non sembrava
lottasse, nei suoi occhi ancora lucidi.

C'era stato quel tempo in cui credeva
che avrebbe potuto cambiar tutto

XVIII

Christmas '85

That man, with the long white beard
that covered his rosy cheeks
reminded me of a writer,
American, one of the many
I dreamed about when I was young.

Difficultly grasping half a cigarette
With a boiling cup of coffee
(final, desperate vices)
he sat on a worn chair
he kept quiet to listen
to his family's worn-out conversations.

I was watching him, sipping a
sweetish wine, though intimidated
by his seemingly peaceful air
that emanated from around him:
and yet something escaped me
in the wrinkles of his rosy cheeks.

Still today, thinking about it, his silent
sadness nourishes my memory,
it fades any clear feature
and I can't picture a smile;
and yet that day he didn't seem to have
struggled, in his still lustrous eyes.

There had been a time when he believed
he could change everything

49

(lavoro, paese, destino
persino); ora gli restava
quell'unico sguardo compassato
col quale ancora cercava d'intorno.

Cercava un legame più forte e saldo
che al mattino gli desse una luce
che l'alba non gli poteva
più dare; scavava gli istanti
che a sera l'accoglievano stanchi
davanti al bicchiere, alla sigaretta.

Io lo guardavo, ed il fumo, che acre
saliva ad avvolgerci, ci avrebbe
aiutato come un incanto
se solo l'avessimo chiesto:
eppure dissolversi è pur sempre
l'effetto più ambiguo dell'esistenza.

Quel fumo come cortina ci unisce
ancor oggi, e ci separa ancora
perché non avemmo il coraggio
di soffiare una volta tanto:
tutto, o forse qualcosa, sarebbe
cambiato, forse soltanto un istante.

Quell'uomo con le rughe fonde e cave,
come se un aratro nella terra
le avesse scavate, quell'uomo
mi ricordava un uomo più stanco,
inerme, visto morire su un letto.

Stringendomi a stento le mani, disse,
con poca voce, come aggrappato
alle ultime sue radici,
disse una frase, una parola,

(work, country, destiny
even); now he was left with
that single composed gaze
with which he kept searching.

He was searching for a stronger and steady connection
that in the morning could give him a light
that the dawn could no longer
give; he was digging for those moments
that in the evening would greet him, tired,
in front of a glass, a cigarette.

I was watching him, and the smoke, that pungently
rose to enfold him; it would have
helped him, like a spell,
if only we had asked:
and yet fading away is always
the most ambiguous consequence of existence.

That smoke like a curtain joins us
still today, and separates us yet
because we hadn't the courage
to exhale just once:
everything, or perhaps something, would have
changed, perhaps only a moment.

That man with the deep and sunken wrinkles,
As if a plow had dug them
in the earth, that man
reminded me of a more tired man,
defenseless, I saw dying on a bed.

Gripping my hands with difficulty, he said,
with a weak voice, as though clinging
to his last roots,
said a phrase, a word,

la ripetette con sorprendente
vigore e tutto d'incanto finì.

Io lo guardavo, fissando ogni attimo,
come potessi fermare il sole,
sperando che il sole potesse
ancora scaldarlo e intanto
sentivo un gran freddo e non sapevo
donde venisse, per quale ragione.

Ancor oggi, a pensarci, quel gran freddo
ritorna, come se fosse un vento
d'autunno che strappa le foglie
e ci avvolge muti, perplessi;
eppure conosciamo stagioni
che vanno e tornano come i ricordi.

C'era stato quel tempo in cui pensava
che io e lui saremmo stati amici,
di quelle amicizie che trovi
soltanto una volta, la vita
poi ti aiuta a scavarle profonde
o a perderle in un niente per sempre.

Cercava un motivo più chiaro, lucido
come la fronte sua col sudore,
a mezzogiorno, quando il sole
formicola l'aria; scavava
i pensieri cercando una via
che gli potesse ridare il respiro.

Io lo guardavo e l'aria già afosa
stagnava sulle sue mani, fredde
e senza risposta, e le mie
senza più forza, con l'incanto

he repeated it with surprising
strength and everything finished suddenly.

I was watching him, fixating each moment,
as if I could stop the sun,
hoping the sun could
still warm him and at the same time
I felt a deep cold and I didn't know
where it had come from, for what reason.

Still today, thinking about it, that deep cold
returns, as if it were an autumn
wind that stripped the leaves
and bound them mute, perplexed;
and yet we are used to seasons
that come and go like memories.

There had been a time when he thought
that he and I would have been friends,
those friendships that you find
only once, life
then helps you to dig for them deeply
or lose them forever into nothing.

He was seeking a clearer reason, straightforward
like his brow covered in sweat,
at noon, when the sun
floods the air; he was digging for
thoughts seeking a way
that could restore his breath.

I was watching him, and the already sultry air
stagnated on his hands, cold
and without response, and mine
without strength, with the most tragic

più tragico scritto col silenzio,
quello più acre, quello che suffraga.

Quel silenzio, quell'aria era nel fumo
d'una tazza di caffè bollente,
d'una sigaretta testarda,
accesa nonostante tutto,
nonostante la cenere stesse
come minaccia giungendo alle mani.

Quell'uomo con la lunga barba bianca
mi ricordava un uomo più stanco
ed io sono fermo nel mezzo,
quando un aratro mi scaverà
rughe profonde sulle guance rosse.

spell written with silence,
the most pungent, which suffered with him equally.

That silence, that air was in the smoke
of a boiling cup of coffee
of a stubborn cigarette,
lit despite everything,
despite the very ashes
like a threat reaching his hands.

That man, with the long white beard
reminded me of a more tired man
and I am still in between,
when a plow will dig into me
deep wrinkles on rosy cheeks.

XIX

> "Pare anche a te che oggi
> la luce sia più bella che mai?"
> — Ugo Foscolo

"Non ti senti un po' stanco la sera,
quando il cielo s'affloscia di luce
e tradisce una certa emozione
nel tremolio delle stelle?" Questo
mi disse mio padre una volta
e le mani erano tozze e calde
ed a stento le avrei strette,
ma siamo uomini di pudore.

XIX

> "Does it seem to you too that today
> The light is more beautiful than ever?"
>
> — U. Foscolo

"Don't you feel a bit tired at night,
when the sky's light wilts away
and betrays a certain emotion
in the flickering of the stars?" This
my father said to me once
and his hands were thick and warm
and I would have gripped them with difficulty,
but we are men of dignity.

XX

Un più inerte abbandono
sarebbe osservare quell'erba
al mattino, nell'alba nebbiosa,
che beve le ultime brume
e statico stare nel sole che s'alza
e abbronza le palme e le mani
perfino. Ma non oggi, non ora,
che l'aria coagula in gocce
che si disperdono sulla pelle,
come fuggissero pena e castigo,
e l'unica fonte è lavoro
nella ricerca del pane.

XX

A more idle abandon
would be to observe that grass
in the morning, in the foggy dawn,
that drinks the last mists
and remain still in the sun that rises
and tans the palms and the hands
even. But not today, not now,
that the air cakes in drops
that disperse on the skin,
as if they were fleeing pain and rebuke
and the only source is work
in the pursuit of bread.

XXI

Lettera al Padre

Eccomi, Padre. Ormai anche il tempo
ha ceduto il suo scettro imbiancato
e torni, ancestrale figura, o forse
son io che percorro la strada. Padre,
ero già vecchio quando mi hai fatto
e son certo che allora ti morse
nel petto, come visione, il lamento
dei primi vagiti. Ancora t'arde
quella corona di sogni che corse
la fronte, come fosse un riscatto
certo; dimmi, Padre, avresti mai vinto
tutto l'incanto delle lune tarde?

Eccomi, Padre. Ti guarda la notte
e ti vince un sonno più duro del pianto
e tutto quello che sento e che faccio,
come fosse di vetro, si frange.
Invano ho seguito, Padre, le lotte
e come un rabbioso leone il ghiaccio
ho scrostato ad unghiate, con l'incanto
negli occhi d'una visione che sparge.
O Padre! tutto nel soffio d'un bacio
potrebbe ancora svanire, ma tanto
ho creduto, che ancora si scorge
il taglio che brucia e mi contorce.

Eccomi, Padre. Ribelle al passato
ne sento il fascino come tortura,
come passione le vene mi gonfia

XXI

Letter to the Father

Here I am, Father. By now even time
has surrendered his whitened scepter
and you return, ancestral figure, or perhaps
it is I who walk the path. Father,
I was already old when you made me
and I am certain that at the time
the lament of the first wails bit
at your heart, like a vision. That crown of dreams
that ran across your brow
still burns you, as if it were certain
redemption; tell me, Father, would you ever have overcome
the whole spell of late moons?

Here I am, Father. The night watches you
and sleep, heavier than the wail, overcomes you
and everything I feel and do,
as if made of glass, breaks.
In vain I followed, Father, the fights
and like a raging lion I clawed away at
the ice, with the spell
of a scattering vision in my eyes.
Oh Father! everything in the breath of a kiss
could still fade away, but so much
I believed, that you still catch sight of
the cut that burns and contorts me.

Here I am, Father. Rebellious towards the past
I feel its appeal like torture,
like passion it swells my veins

e certo capisci quel che ti dico.
Padre, non vedi che brucio? Soltanto
se guardi le mani, vedi ogni dito
proteso in cerca, proteso con cura
verso ogni grido che forte trionfa
dentro le tempie. Padre, ogni fessura
della mia mente, come fosse un atto
mancato, ripete un rito antico
di generazioni macchiate d'onta.

Eccomi, Padre. Sentii una voce
venire dal fondo della tua stanza
e dapprima mi parve essere un vento
che si sfaldava in un coro di fiati.
Come fossi un bimbo, Padre, mi sento
rapire le viscere ed è atroce
sentire ancora il respiro che danza
e sfoglia l'elenco dei miei reati.
Questo fantasma percuote ogni tempo,
m'alita addosso, guardandomi avanza,
e tu sei lí, Padre, parli e mi baci:
"Anche tu, figlio, m'uccidi!" poi taci.

Eccomi, Padre. Anche tu m'uccidi
ogni volta che quel sospiro vario
mi sfila le dita, gli occhi ritorti,
scomparsi nel bianco delle pupille.
Tu, Padre, sei un male necessario;
adesso comprendo quello che vidi
ed un giorno uniremo i nostri volti,
quando un nuovo figlio verrà, ribelle.
Ora son qui, ed attendo i miei riti
e vivo ogni giorno come precario,
rischiando ogni giorno tutte le sorti:
Padre, perché mi hai abbandonato?

and certainly you understand what I am telling you.
Father, do you not see I am burning? Only
if you look at my hands, you see every finger
stretched out searching, stretched out with care
towards every wail that prevails loudly
in my temples. Father, every crevasse
of my mind, as though it were a faulty
action, repeats an ancient ritual
of generations stained by dishonor.

Here I am, Father. I heard a voice
emerge from deep in your room
and at first it seemed to be a wind
that splintered in a chorus of breaths.
As though I were a child, Father, I feel
my insides stolen away and it is horrible
to still feel the breath that dances
and leafs through the list of my crimes.
This ghost hits hard every time,
he breathes right on me, moves on watching me,
and you are there, Father, you speak and kiss me:
"Even you, son, kill me!" and then you are silent.

Here I am, Father. You kill me too
every time that varied breath
unthreads my fingers, the eyes rolled backwards,
vanishing in the white of the pupils.
You, Father, are a necessary evil;
now I understand what I saw
and one day we will join our faces,
when a new child will come, rebellious.
Now I am here, and I attend my rituals
and I live each day precariously,
risking every outcome each day:
Father, why have you forsaken me?

XXII

Ho perso i miei sensi ed ogni controllo
nell'acqua del ventre e di quei polmoni
ripieni e gonfi, spugnosi palloni
scalciati dal destino mai satollo.

E l'acqua l'ho sputata dalla bocca
e dalle nari, come se annegassi
altrimenti, aggrappandomi a quei sassi
coi quali ho costruito questa rocca.

La storia è un incubo da cui
cerco di destarmi, eppur mi confonde
come l'aria fresca d'ogni mattino:

passano le ore negli angoli bui
della memoria con orme profonde
ed in quei grani di sabbia m'affino.

XXII

I lost my senses and all pull
in the waters of the womb and of those tall
and swollen lungs, spongy ball
kicked by a destiny never full.

And the water I spit from my nose
and mouth, might otherwise block
my throat, clinging to that rock
with which I build this enclose.

I try to wake from a nightmarish sleep:
History, and yet it confuses me
every morning like the fresh air:

the hours pass with footprints deep
in the dark corners of memory
and in those grains of sand myself I lay bare.

XXIII

Ode all'America

> "America qua, America là,
> dov'è più l'America
> del padre mio?"
> — Rocco Scotellaro

L'America terra che accoglie, come puttana
pronta per tutti; l'America come conquista
col fascino di frontiera sperduta.
L'America terra d'acquisto,
l'America terra che prostra, come padrone
che sfrutta; l'America nuova Terra Promessa
come un viaggio senza ritorno.

L'America grande Babele,
crogiuolo di razze e di religioni,
di lingue culture e disperazioni,
di luci la notte su strade deserte
e fredde vetrate di grattacieli,
non guglie slanciate di cattedrali!

L'America t'offre le luci per accecarti
senza sapere, ti nutre e ti spinge a sperare
senza il coraggio d'amare la vita,
senza né raggio né piena catarsi,
ed ogni sogno dura una notte.

L'America ride tra le cortine velate,
ti succhia le labbra come pompelmi,
poi prende, ti gira e lenta ti fotte.

XXIII

Ode to America

> "America here, America there,
> where ever is the America
> of my father?"
>   — Rocco Scotellaro

America land that welcomes, as whore
ready for everyone; America as conquest
with the fascination of the lost frontier.
America land of accumulation,
America land that prostrates, as master
that exploits; America new Promised Land
as a journey with no return.

America grand Babel,
crucible of races and religions,
of languages cultures and despairs,
of lights at night on deserted streets
and cold skyscraper windows,
no raised cathedral spires!

America offers you the lights to blind yourself
without knowing, nurtures you and pushes you to hope
without the courage to love life,
without either gleam or full catharsis,
and every dream lasts a night.

America laughs through hidden curtains,
she sucks your lips like grapefruits,
then takes, spins you and fucks you slowly.

L'America asciuga ogni goccia del mare,
te le ficca negli occhi, ti forza a sognare,
ti spinge da dietro come per gioco,
ti sparge benzina e ti dà fuoco.

America   America   America

L'America scende senza più senso
finché Atlantide la chiameranno;
l'America come leggenda è come uno sputo
che si dilata; l'America terra di mito,
terra di rito, ti guarda con gli occhi
di un bimbo anemico, senza più sangue,
senza più rabbia, senza più nessuna speranza
e celebra inerte idoli danzanti
come l'ombre intorno al fuoco che presto divampa.

America dries up each drop of the sea,
sticks them in your eyes, forces you to dream,
pushes you from behind as if for fun,
splashes you with gasoline and sets you on fire.

America   America   America

America descends without any more sense
until they will call her Atlantis;
America as legend is like a spit-wad
that spreads; America land of myth,
land of ritual, she looks at you with the eyes
of an anemic child, with no more blood,
with no more rage, with no more hope
and inertly celebrates dancing idols
as the shades around a quickly burning fire.

XXIV

"Questa è l'ultima disperazione dei
padri: di non poter imitare i figlioli."
— Piero Jahier

Negli occhi impietriti
senza la luce d'una speranza
era facile leggere noia
e nostalgia: t'avrei potuto dare
un qualche scampo di libertà? Là
sulla pietra di marmo permane
un sogno perduto e rappreso
che frange nel pianto la notte.

XXIV

"This is the last despair of fathers: to not be able
to imitate their children."

—Piero Jahier

In your petrified eyes
without the light of hope
it was easy to read boredom
and nostalgia: could I have given you
an escape to freedom? There
on the marble rock remains
a lost and clotted dream
that with a cry breaks the night.

XXV

Quel giorno che ridesti
strabuzzando gli occhi sulla parete
bianca, dimmi, prendevi
riposo come se fossi già stanco
oppure era la sete
bruciata per sempre senza sollievi?

Con il mattino negli occhi ridesti
ridesti con l'occhio perduto e bianco
mentre a credere continuo ancora:
morire è solo un soffio.

XXV

That day you laughed
eyes bulging on the white
wall, tell me, were you
resting as though already tired
or was it the thirst
forever burned without relief?

With the morning in your eyes you laughed
laughed with a white, wandering eye
while I continue to believe still:
dying is only a breath.

XXVI

"I did not begin with you,
I do not end with you, America."
— Ezra Pound

Non l'ultimo sarò in questo gioco
amaro a perdere la posta in palio.
Infiniti petali di vita attentata
ho disseminato su questa terra
e nessuno di essi ha conosciuto il sapore
piovano, scalpellandomi la pietra al collo,
nelle piazze deserte dai polmoni
tanfi, polmoni ripieni di zolfo,
che lievitano di tisi e di rabbia,
di terra marcita. Certo: sopravviviamo,
ed in questo non c'è vergogna alcuna
e sulle facce della gente vedi
i colori sbiaditi del mattino,
gli occhi socchiusi dal sonno e le ciglia
con croste di delusione. Su questa
terra infiniti petali di vita
attentata ogni giorno vanno a macero;
nessuno di quelli disseminati
ha conosciuto il sapore piovano,
nelle mattine livide d'incanti.

XXVI

"I did not begin with you,
I do not end with you, America."
— Ezra Pound

I will not be last in this bitter
game to lose my place in the race.
Infinite petals of attempted life
I sowed on this earth
and none of these knew the rainwater
taste, chipping the stone at my neck,
in the deserted squares with musty
lungs, lungs filled with sulfur
that swell with tuberculosis and anger,
with rotten earth. Certainly: we survive,
and in this there is no shame
and on the faces of people you see
the faded colors of the morning,
eyes half closed from sleep and lashes
crusted with disillusion. On this
earth infinite petals of life
attempted each day are rotted;
not one of those sown
knew the rainwater taste,
on the mornings bruised by spells.

XXVII

"Le gramigne dilagano ed il muschio
trabocca dalle crepe, nelle vene
della terra incupiscono i torrenti"
— Mario Luzi

"Se cresce la gramigna, il grano soffoca
e non c'è niente che puoi fare" questo
mi disse mio nonno e mentre parlava
perdeva gli occhi nell'oro del grano,
come se ormai di fronte ci fossero
quelle giornate di sole e di pioggia
trascorse con una lenta e metodica,
inconscia passione per quella terra.

A guardargli le mani spesse e grosse,
colpivano le rughe come solchi
profondi e le vene in rilievo, fiumi
di forza e di vita, fertili tracce
e sentieri più vasti, sconfinanti
oltre quei campi di grano, più vivi
del vento che ci modellava, come
sculture infine confuse alla terra.

Se ne stette lì piantato e non so
se nell'aspetto fiero pur sentisse
lo sguardo mio compassato e fermo,
finché d'improvviso, come un segnale
giunto da chissà dove o una forza
impercettibile, si chinò rapido
con la sua falce corta e mi lasciò
solo, con quell'ultima frase in bocca.

XXVII

"The grasses are rampant and the moss
runs over the cracks, in the veins
of the earth the torrents grow dark."
— Mario Luzi

"If the grass grows, the wheat chokes
and there is nothing you can do" this
my grandfather said to me and while he spoke
his eyes would glass over in the gold of the wheat,
as if now before him there were
those days of sun and of rain
spent with a slow and methodical,
unconscious passion for that earth.

To watch his broad, thick hands
the wrinkles dug in like deep
furrows and veins in relief, rivers
of strength and life, fertile signs
and vaster paths, released
beyond those wheat fields, more alive
than the wind that shaped us, like
sculptures ultimately lost to the earth.

He was firmly planted there and I don't know
if in his proud aspect he was even feeling
my composed and fixed gaze,
until suddenly, like a sign
come from nowhere or by an imperceptible
force, he quickly knelt
with his short scythe and he left me
alone, with that last phrase in my mouth.

XXVIII

La pioggia cantava sorniona
una canzone che era una nenia,
il vetro appannato sugli occhi vivi
e le gocce eran come sudore,
sudore freddo lungo la schiena
che si contorce come una vite.

La pioggia suonava i vetri
con persistente regolarità,
l'albero fratto in tutte le gocce
ed i rami eran braccia in preghiera,
braccia secche dal duro lavoro
che bestemmiano il vano andare.

La pioggia picchiava i tetti
rimbalzando nel crepitio,
le grondaie sputavano colme
sulle pozzanghere senza più specchio,
lo specchio di fango che inchioda
ogni piede che immerge il suo passo.

XXVIII

The rain sang slyly
a song that was a lullaby
the clouded glass over the lively eyes
and the drops were like sweat,
sweat cold along the back
that twists like a vine.

The rain sounded the windows
with persistent regularity,
the broken tree by all the drops
and the branches were arms in prayer,
arms dried from hard work
that curse the vain grind.

The rain beat the roofs
bouncing with a rattle,
the gutters spewed deluge
into puddles no longer a mirror,
the mirror of mud that nails down
every foot that passes its way.

XXIX

"Ebbene sì, hai ragione: cambieremo, andremo al-
trove, sceglieremo un bel luogo solitario, togliere-
mo la polvere dalle vecchie cose, apriremo tutte le
finestre, faremo entrare l'aria pura, avremo un cu-
mulo di creta, un blocco di marmo, alzeremo un
monumento alla Libertà."

—Gabriele D'Annunzio

All'aria frizzantina della sera
restava a raccontarmi quando andava
su per Basilico, alle pietraie
"a lavorare duro", come amava
dire, e la voce tremava al ricordo
quando insieme al fratello si recò
la pietra di marmo in spalla.

Suo padre d'oltre Oceano scriveva
e raccontava della grande statua
che ancora adesso esiste e cresceva
ogni giorno, al suono di martelli
e ferraglie, e nessuno sapeva
che fosse, ma certo era per tutti
solo il nome.

All'aria frizzantina della sera,
seduti su quella pietra di marmo,
si stropicciava con la mano calda
di vino la fronte ampia e chissà
se ci crede ancora, se mai l'ha fatto,
mi chiedevo, a quella statua dal nome
disperanza.

XXIX

"Well yes, you are right: we will change, we will go elsewhere, we will choose a nice solitary place, we will clean the dust from old things, we will open all the windows, we will let in the pure air, we will have a mound of clay, a block of marble, we will raise a monument to Liberty."

—Gabriele D'Annunzio

In the crisp air of the evening
he stayed to tell about when he went
up to Basilico, to the quarry
"to work hard," as he loved
to say, and his voice trembled to remember
when together with his brother he carried
the marble stone on his back.

His father from across the Ocean wrote
and told of the grand statue
that even now exists and grew
every day, to the sound of hammers
and gears, and no one knew
what it was, but certain for all was
only the name.

In the crisp air of the evening,
seated on that marble stone
with a hand warm from wine
he creased his wide brow and who knows
if he still believes in it, if he ever did,
I asked myself, in that statue named
hopelessness.

XXX

Per le strade che sudano, sparsi
sui muri che appiccicano
come la colla disciolta e gli annunci,
non vedo un solo volto che parli,
un piede che sdruccioli eppure
produca un effetto un po' strano
tra la folla frastornata
che cieca segue i suoi passi.

Cieco io sono e la gente che passa
come una molla in perenne tensione
e scatta impazzita e si tende ancora
in quest'ignoto eppure antico gioco
che ripetiamo da mattino a sera,
e qualche volta la notte, guidati
da un'impari forza che ci sovrasta
e cerca al conto un pareggio finale.

Intanto si stende la nostra tela
quotidiana con i piccoli inganni
e le truffe fatte per fare, senza
motivo, col recondito tormento
infitto dentro, spalmato sui muri
come colla per gli annunci dei film,
dell'ultimo prodotto da comprare
e del perenne grigio del cemento.

XXX

    In the streets that sweat, scattered
on walls that stick
like melted glue and flyers,
I don't see a single face that speaks,
a foot that slips and yet
it creates a slightly strange effect
among the dazed crowd
that follows blindly in its own steps.

    Blind am I and the people passing by
like springs under constant tension
and they go off mad and still tend
in this unknown yet ancient game
that we repeat from sunup till sundown,
and sometimes at night, guided
by an uneven force that overwhelms us
and seeks a tie in the final reckoning.

    We meanwhile lay out our daily
web with the little deceptions
and scams done just to do them, without
reason, with the concealed torment
embedded inside, smeared on the walls
like glue to hang film posters,
from the latest product to buy
and from the perennial grey of cement.

PRESTO – ALLEGRO

XXXI

Adesso che molte (e forse troppe)
donne m'hanno toccato e carezzato
e ficcato gli occhi negli occhi, toppe
non più segrete d'un atto mancato
che pur si ripete, dove con zoppe
mosse apro porte solo sul passato,
mi manca il leggero tocco di dita
piccole come fragranza di vita.

XXXI

Now that many (and perhaps too many)
women have touched and caressed me
and stared deep into my eyes, patches
no longer secret of a Freudian slip
that nonetheless repeats itself, where with lame
movements I open doors only on the past,
I miss the light touch of small
fingers like the fragrance of life.

XXXII

Forse anche tu, uscendo al freddo al mattino,
d'inverno, ascoltavi lo scricchiolio
delle stelle gelate e infrante; io
le sento cadere, stanotte, fino
in fondo alla gola ed ogni brandello
mi raschia come lama di cristallo
che luccica, eppure taglia, coltello
nella memoria che raspa metallo.

Dei fruscii ascoltati, non so quanti,
la notte, siano tornati vivi
come fantasmi corposi coi manti
coperti di porpora e i denti aguzzi
che sbavavano orrendi indegni rivi
che come colate invano rintuzzi.

Pure qualcosa tra gli alberi ancora
trema e dà speranza, insomma ci accora,
come se il mondo fosse come allora
quando a stupirci sorgeva l'aurora.

XXXII

Perhaps even you, leaving in the morning cold,
in winter, were listening to the creaking
of the frozen, shattered stars; I
hear them fall, tonight, to the very
back of my throat and every shard
scrapes me like crystal blade
that shimmers and still cuts, knife
in the memory that scratches metal.

Some heard rustlings, I don't know how many,
at night, have returned to life
like corporeal ghosts with cloaks
covered in purple and sharp teeth
that were drooling horrible vile streams
that like molds you repress in vain.

And yet something among the trees still
trembles and offers hope, and so it heartens us,
as if the world were like *that time*
when to astonish us the dawn arose.

XXXIII

Sonetto della confessione

Ed ora che il mondo è lontano
più lontano del raggio del sole
che pure mi squarcia la fronte
mentre zappo e spacco la terra;

ed ora che il mondo è l'ontano
sotto il quale riposo queste sole
e stanche membra come se fossi in fronte
all'ultimo giorno su questa terra;

soltanto ora posso dirti che t'amo,
io, quest'albero privo di fronde,
che invano coi suoi rami secchi serra

l'opera di fertili zolle e t'amo,
terra che assorbi le mie braccia gronde
e questa mia bocca ormai sfiorita serra!

XXXIII

Sonnet of confession

And now that the world is a perch
far, farther than the ray of sun
that yet opens up my brow
while I dig and cleave the earth;

and now that the world is the Birch
under which I rest these done,
lonely limbs as if I had before me now
the last day on this earth;

only now can I tell you that I love you,
I, this tree that is without leaves, in vain
clenching with its dried out limb

the labor of fertile clods and I love you,
earth that absorbs my arms — a gutter drain —
and this my mouth now a greenhouse grown dim.

XXXIV

A te, Madre, l'ineluttabile domanda

Madre, a te forse è più chiara
l'ansia che stringe le viscere
quando al mattino sorge il sole
e le membra contratte nel sonno
si stendono pronte a ricominciare.

Madre, forse a te che m'hai dato
il battito al cuore e il sorriso,
a te che il dolore del parto ed il pianto
hanno stretto e stringono l'anima,
è più chiara la luce del giorno.

Madre, forse tu potrai dirmi
che cosa ci prende e ci dà quella forza
quando per strada i sorrisi alla gente
ci legan la bocca in una smorfia
e intanto nel tempo trascorre ogni cosa.

Madre, forse anche a te passa un'ombra
la sera, quando il sole si spegne
e l'orizzonte si tinge di sangue
e sembrano un fiume le vene
e il mare lontano è chimera.

Madre, forse a te l'aria la notte
non brulica d'ogni paura e terrore
e trascorre imperterrita e lenta
fin tanto che appaiono crepe nel buio
e l'alba che s'alza sembra più chiara.

XXXIV

To you, Mother, the ineluctable question

      Mother, to you perhaps it is clearer
the anxiety that grips the viscera
when in the morning the sun rises
and limbs contorted by sleep
reach out ready to begin again.

      Mother, perhaps to you who gave me
the pulse of my heart and my smile,
to you for whom the pain of childbirth and the wail
gripped and grip the soul,
the light of day is more clear.

      Mother, perhaps you can tell me
what grabs us and gives us that force
when along the road smiling at people
tightens our mouths in a grimace
and meanwhile time passes all things.

      Mother, perhaps even for you a shadow passes
in the evening, when the sun dies down
and the horizon is tinged in blood
and the veins seem a river
and the distant sea is chimera.

      Mother, perhaps to you the air at night
teems with every fear and terror
and passes unperturbed and slow
until finally cracks appear in the darkness
and the rising dawn seems more clear.

XXXV

Sonetto della rimembranza

Per Mila

E tua sorella suona ancora il piano
e tuo nipote rincorre i tuoi passi
nella casa dove ho lasciato te
e il palpito ansioso del tempo andato.

E tu per le stanze ogni giorno vivi
quel sogno che condividemmo e ancora
come un martello il chiodo mi tempesta
l'anima, il cuore, il petto, tutti i giorni.

Senz'altro t'avrà sorpreso incontrarmi
negli angoli di memoria, fiutando
persino l'atmosfera che avvolgeva.

Forse riderai se ti dico
che subito così ora m'accade,
mentre ti penso, e chissà se lo sai.

XXXV

Sonnet of remembrance

for Mila

And your sister still plays the piano
and your nephew goes after your steps
in the house where I long ago left you
and the nervous throb: time has gone by.

Through those rooms where you live out each day
that dream that we shared and that still
as a hammer its nail, I am pounded,
my soul, heart and breast, every day.

It will surely surprise you to meet me
in the corners of memory, scenting
surroundings that soundly envelope.

Perhaps you will laugh if I tell you
it struck me just now of a sudden:
who knows if you know I am thinking of you.

XXXVI

"Come un sasso nell'acqua, un gesto
nell'aria suscita mille e mille onde."
—Gabriele D'Annunzio

Come un sasso nell'acqua scagliato
produce infiniti concentrici
cerchi, così il tuo viso d'intenso
chiarore mi penetra e un sole
più limpido all'alba domani
potrebbe bagnarci di luce.

XXXVI

> *"Like a stone in the water, a gesture*
> *In the air evokes a thousand and thousand waves"*
> — Gabriele D'Annunzio

Like a stone cast in the water
produces infinite concentric
circles, so your visage with intense
gleam pierces me and the sun
clearer at dawn tomorrow
could bathe us in light.

XXXVII

Il giorno che saprò fare al tuo viso
una statua trasparente d'avorio
con l'acqua del fiume che bagna,
con l'acqua del mare solcato,
con l'acqua che sempre mi lava,
con l'acqua e nulla più che l'acqua,
quel giorno alla luce più chiara
ti donerò non-ti-scordar-di-me.

XXXVII

The day that I will know how to make for your face
a transparent ivory statue
with the water from the river that washes,
with the water from the furrowed sea,
with the water that ever washes me,
with the water and nothing other than the water,
that day in the brightest light,
to you I will give forget-me-not.

ABOUT THE AUTHOR

Ernesto Livorni is Professor of Italian Language and Literature, Comparative Literature and Religious Studies, at the University of Wisconsin, Madison. His scholarly publications include *Avanguardia e tradizione: Ezra Pound e Giuseppe Ungaretti* (1998) and *T. S. Eliot, Montale e la modernità dantesca* (forthcoming). He also translated into Italian and edited Ted Hughes, *Cave-Birds: Un dramma alchemico della caverna* (2001). He has published articles in Italian and in English on medieval, modern and contemporary Italian literature, English and American literature, Italian-American literature, and comparative literature.

Livorni is the founding editor of *L'ANELLO che non tiene: Journal of Modern Italian Literature*. Livorni has also published three collections of poems: *Prospettiche illusioni (1977-1983)* (1987) (Illusions of Perspective), *Nel libro che ti diedi. Sonetti (1985-1986)* (1998) (In the Book That I Gave You. Sonnets) and *L'America dei Padri* (2005). His last collection *Onora il Padre e la Madre* (Honor Thy Father and Mother) (Passignano sul Trasimeno: Aguaplano–Officina del Libro, 2015) gathers new and collected poems.

ABOUT THE TRANSLATOR

Jason Laine completed his studies in Italian at the University of Chicago and the University of Wisconsin, Madison. He is currently a Senior Lecturer at Penn State University where he directs the Italian language program. His interests include online learning and technology implementation in the language classroom, translation, Italian cinema and contemporary Italian poetry. He is an active proponent of study abroad and has worked with a variety of programs in Italy.

Laine is the author of the Elementary Italian course for Penn State World Campus and his translations have previously appeared in *Voices in Italian Americana, L'anello che non tiene* (Journal of modern Italian literature) and *Multicultural Literature in Contemporary Italy*.

VIA FOLIOS

A refereed book series dedicated to the culture of Italians and Italian Americans.

MARIO B. MIGNONE. *The Story of My People.* Vol 111 Non-fiction. $17
GEORGE GUIDA. *The Sleeping Gulf.* Vol 110 Poetry. $14
JOEY NICOLETTI. *Reverse Graffiti.* Vol 109 Poetry. $14
GIOSE RIMANELLI. *Il mestiere del furbo.* Vol 108 Criticism. $20
LEWIS TURCO. *The Hero Enkidu.* Vol 107 Poetry. $14
AL TACCONELLI. *Perhaps Fly.* Vol 106 Poetry. $14
RACHEL GUIDO DEVRIES. *A Woman Unknown in her Bones.* Vol 105 Poetry. $11
BERNARD BRUNO. *A Tear and a Tear in My Heart.* Vol 104 Non-fiction. $20
FELIX STEFANILE. *Songs of the Sparrow.* Vol 103 Poetry. $30
FRANK POLIZZI. *A New Life with Bianca.* Vol 102 Poetry. $10
GIL FAGIANI. *Stone Walls.* Vol 101 Poetry. $14
LOUISE DESALVO. *Casting Off.* Vol 100 Fiction. $22
MARY JO BONA. *I stop waiting for You.* Vol 99 Poetry. $12
RACHEL GUIDO DEVRIES. *Stai zitt, Josie.* Vol 98 Children's Literature. $8
GRACE CAVALIERI. *The Mandate of Heaven.* Vol 97 Poetry. $14
MARISA FRASCA. *Via incanto.* Vol 96 Poetry. $12
DOUGLAS GLADSTONE. *Carving a Niche for Himself.* Vol 95 History. $12
MARIA TERRONE. *Eye to Eye.* Vol 94 Poetry. $14
CONSTANCE SANCETTA. *Here in Cerchio* Vol 93 Local History. $15
MARIA MAZZIOTTI GILLAN. *Ancestors' Song* Vol 92 Poetry. $14
DARRELL FUSARO. *What if Godzilla Just Wanted a Hug?* Vol ? Essays. $TBA
MICHAEL PARENTI. *Waiting for Yesterday: Pages from a Street Kid's Life.* Vol 90 Memoir. $15
ANNIE LANZILOTTO, *Schistsong,* Vol. 89. Poetry, $15
EMANUEL DI PASQUALE, *Love Lines,* Vol. 88. Poetry, $10
CAROSONE & LOGIUDICE. *Our Naked Lives.* Vol 87 Essays. $15
JAMES PERICONI. *Strangers in a Strange Land: A Survey of Italian-Language American Books.*
    Vol. 86. Book History. $24
DANIELA GIOSEFFI, *Escaping La Vita Della Cucina,* Vol. 85. Essays & Creative Writing. $22
MARIA FAMÀ, *Mystics in the Family,* Vol. 84. Poetry, $10
ROSSANA DEL ZIO, *From Bread and Tomatoes to Zuppa di Pesce "Ciambotto",* Vol. 83. $15
LORENZO DELBOCA, *Polentoni,* Vol. 82. Italian Studies, $15
SAMUEL GHELLI, *A Reference Grammar,* Vol. 81. Italian Language. $36
ROSS TALARICO, *Sled Run,* Vol. 80. Fiction. $15
FRED MISURELLA, *Only Sons* Vol. 79. Fiction. $14
FRANK LENTRICCHIA, *The Portable Lentricchia,* Vol. 78. Fiction. $16
RICHARD VETERE, *The Other Colors in a Snow Storm,* Vol. 77. Poetry. $10
GARIBALDI LAPOLLA, *Fire in the Flesh,* Vol. 76 Fiction & Criticism. $25
GEORGE GUIDA, *The Pope Stories,* Vol. 75 Prose. $15
ROBERT VISCUSI, *Ellis Island,* Vol. 74. Poetry. $28
ELENA GIANINI BELOTTI, *The Bitter Taste of Strangers Bread,* Vol. 73, Fiction, $24
PINO APRILE, *Terroni,* Vol. 72, Italian Studies, $20
EMANUEL DI PASQUALE, *Harvest,* Vol. 71, Poetry, $10
ROBERT ZWEIG, *Return to Naples,* Vol. 70, Memoir, $16
AIROS & CAPPELLI, *Guido,* Vol. 69, Italian/American Studies, $12

Bordighera Press is an imprint of Bordighera, Incorporated, an independently owned not-for-profit scholarly organization that has no legal affiliation with the University of Central Florida or with The John D Calandra Italian American Institute, Queens College/CUNY.

FRED GARDAPHÉ, *Moustache Pete is Dead! Long Live Moustache Pete!*, Vol. 67, Literature/Oral History, $12

PAOLO RUFFILLI, *Dark Room/Camera oscura*, Vol. 66, Poetry, $11

HELEN BAROLINI, *Crossing the Alps*, Vol. 65, Fiction, $14

COSMO FERRARA, *Profiles of Italian Americans*, Vol. 64, Italian Americana, $16

GIL FAGIANI, *Chianti in Connecticut*, Vol. 63, Poetry, $10

BASSETTI & D'ACQUINO, *Italic Lessons*, Vol. 62, Italian/American Studies, $10

CAVALIERI & PASCARELLI, Eds., *The Poet's Cookbook*, Vol. 61, Poetry/Recipes, $12

EMANUEL DI PASQUALE, *Siciliana*, Vol. 60, Poetry, $8

NATALIA COSTA, Ed., *Bufalini*, Vol. 59, Poetry. $18.

RICHARD VETERE, *Baroque*, Vol. 58, Fiction. $18.

LEWIS TURCO, *La Famiglia/The Family*, Vol. 57, Memoir, $15

NICK JAMES MILETI, *The Unscrupulous*, Vol. 56, Humanities, $20

BASSETTI, ACCOLLA, D'AQUINO, *Italici: An Encounter with Piero Bassetti*, Vol. 55, Italian Studies, $8

GIOSE RIMANELLI, *The Three-legged One*, Vol. 54, Fiction, $15

CHARLES KLOPP, *Bele Antiche Stòrie*, Vol. 53, Criticism, $25

JOSEPH RICAPITO, *Second Wave*, Vol. 52, Poetry, $12

GARY MORMINO, *Italians in Florida*, Vol. 51, History, $15

GIANFRANCO ANGELUCCI, *Federico F.*, Vol. 50, Fiction, $15

ANTHONY VALERIO, *The Little Sailor*, Vol. 49, Memoir, $9

ROSS TALARICO, *The Reptilian Interludes*, Vol. 48, Poetry, $15

RACHEL GUIDO DE VRIES, *Teeny Tiny Tino's Fishing Story*, Vol. 47, Children's Literature, $6

EMANUEL DI PASQUALE, *Writing Anew*, Vol. 46, Poetry, $15

MARIA FAMÀ, *Looking For Cover*, Vol. 45, Poetry, $12

ANTHONY VALERIO, *Toni Cade Bambara's One Sicilian Night*, Vol. 44, Poetry, $10

EMANUEL CARNEVALI, Dennis Barone, Ed., *Furnished Rooms*, Vol. 43, Poetry, $14

BRENT ADKINS, et al., Ed., *Shifting Borders, Negotiating Places*, Vol. 42, Proceedings, $18

GEORGE GUIDA, *Low Italian*, Vol. 41, Poetry, $11

GARDAPHÈ, GIORDANO, TAMBURRI, *Introducing Italian Americana*, Vol. 40, Italian/American Studies, $10

DANIELA GIOSEFFI, *Blood Autumn/Autunno di sangue*, Vol. 39, Poetry, $15/$25

FRED MISURELLA, *Lies to Live by*, Vol. 38, Stories, $15

STEVEN BELLUSCIO, *Constructing a Bibliography*, Vol. 37, Italian Americana, $15

ANTHONY JULIAN TAMBURRI, Ed., *Italian Cultural Studies 2002*, Vol. 36, Essays, $18

BEA TUSIANI, *con amore*, Vol. 35, Memoir, $19

FLAVIA BRIZIO-SKOV, Ed., *Reconstructing Societies in the Aftermath of War*, Vol. 34, History, $30

TAMBURRI, et al., Eds., *Italian Cultural Studies 2001*, Vol. 33, Essays, $18

ELIZABETH G. MESSINA, Ed., *In Our Own Voices*, Vol. 32, Italian/American Studies, $25

STANISLAO G. PUGLIESE, *Desperate Inscriptions*, Vol. 31, History, $12

HOSTERT & TAMBURRI, Eds., *Screening Ethnicity*, Vol. 30, Italian/American Culture, $25

G. PARATI & B. LAWTON, Eds., *Italian Cultural Studies*, Vol. 29, Essays, $18

HELEN BAROLINI, *More Italian Hours*, Vol. 28, Fiction, $16

FRANCO NASI, Ed., *Intorno alla Via Emilia*, Vol. 27, Culture, $16

ARTHUR L. CLEMENTS, *The Book of Madness & Love*, Vol. 26, Poetry, $10

JOHN CASEY, et al., *Imagining Humanity*, Vol. 25, Interdisciplinary Studies, $18

ROBERT LIMA, *Sardinia/Sardegna*, Vol. 24, Poetry, $10

DANIELA GIOSEFFI, *Going On*, Vol. 23, Poetry, $10

ROSS TALARICO, *The Journey Home*, Vol. 22, Poetry, $12

EMANUEL DI PASQUALE, *The Silver Lake Love Poems*, Vol. 21, Poetry, $7

JOSEPH TUSIANI, *Ethnicity*, Vol. 20, Poetry, $12

JENNIFER LAGIER, *Second Class Citizen*, Vol. 19, Poetry, $8

FELIX STEFANILE, *The Country of Absence*, Vol. 18, Poetry, $9

PHILIP CANNISTRARO, *Blackshirts*, Vol. 17, History, $12

LUIGI RUSTICHELLI, Ed., *Seminario sul racconto*, Vol. 16, Narrative, $10

LEWIS TURCO, *Shaking the Family Tree*, Vol. 15, Memoirs, $9

LUIGI RUSTICHELLI, Ed., *Seminario sulla drammaturgia*, Vol. 14, Theater/Essays, $10

FRED GARDAPHÈ, *Moustache Pete is Dead! Long Live Moustache Pete!*, Vol. 13, Oral Literature, $10

JONE GAILLARD CORSI, *Il libretto d'autore*, 1860–1930, Vol. 12, Criticism, $17

HELEN BAROLINI, *Chiaroscuro: Essays of Identity*, Vol. 11, Essays, $15

PICARAZZI & FEINSTEIN, Eds. *An African Harlequin in Milan*, Vol. 10, Theater/Essays, $15

JOSEPH RICAPITO, *Florentine Streets & Other Poems*, Vol. 9, Poetry, $9

FRED MISURELLA, *Short Time*, Vol. 8, Novella, $7

NED CONDINI, *Quartettsatz*, Vol. 7, Poetry, $7

ANTHONY JULIAN TAMBURRI, Ed., *Fuori: Essays by Italian/American Lesbians and Gays*, Vol. 6, Essays, $10

ANTONIO GRAMSCI, P. Verdicchio, Trans. & Intro. , *The Southern Question*, Vol. 5, Social Criticism, $5

DANIELA GIOSEFFI, *Word Wounds & Water Flowers*, Vol. 4, Poetry, $8

WILEY FEINSTEIN, *Humility's Deceit: Calvino Reading Ariosto Reading Calvino*, Vol. 3, Criticism, $10

PAOLO A. GIORDANO, Ed., *Joseph Tusiani: Poet, Translator, Humanist*, Vol. 2, Criticism, $25

ROBERT VISCUSI, *Oration Upon the Most Recent Death of Christopher Columbus*, Vol. 1, Poetry, $3